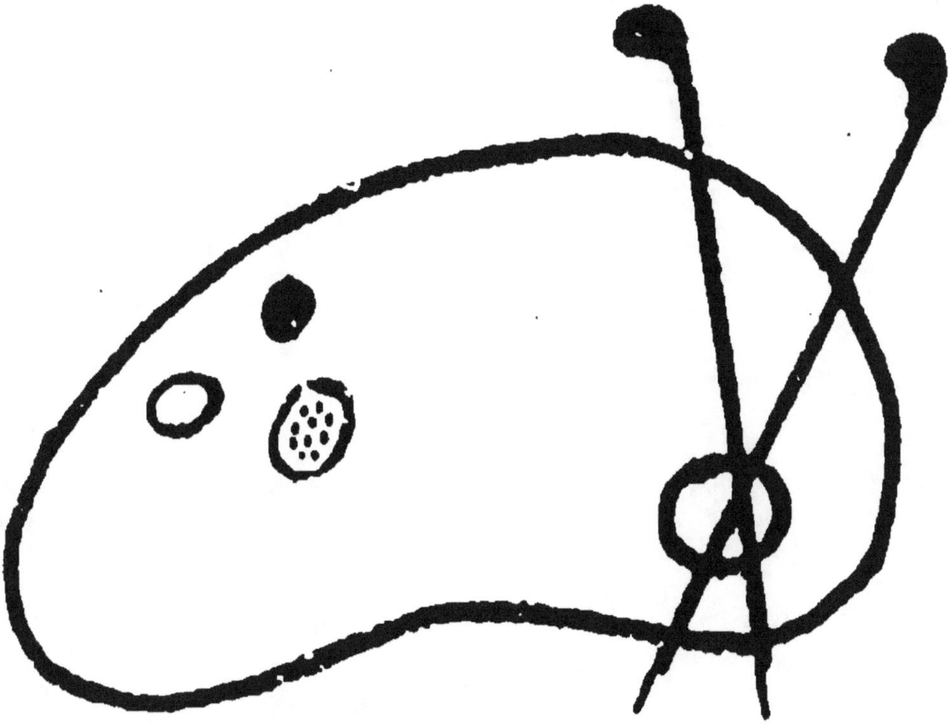

Couvertures supérieure et inférieure
en couleur

OBSERVATIONS

Sur les dangers du Papier - monnoie &
sur l'insuffisance de cette ressource,
pour remédier à la détresse actuelle
des finances.

Une Nation qui possède deux milliards & demi de
numéraire a-t-elle besoin de Papier-monnoie?

Réduire toutes les dépenses au plus exact nécessaire;
réformer les abus de tous les Départemens; niveller les
recettes ordinaires avec les dépenses ordinaires; former
un fonds extraordinaire pour assurer le payement de
l'arriéré à des époques déterminées, sur lesquelles les
créanciers puissent compter, mais fixées de manière
qu'elles ne soient point onéreuses à la Nation; telle est
la mission de l'Assemblée Nationale; telles sont les obligations qu'elle a contractées. Faut-il, pour les remplir,
créer un Papier-monnoie? C'est ce que je vais examiner.

Depuis six mois, le Ministère n'a pas cessé de présen-
ter à l'Assemblée des tableaux affligeans sur les affaires
en général, & particulièrement sur la situation des finances.
Nous n'ignorons pas que, depuis long-temps, la France

A

est accablée de maux de toute espèce. Nous savons très-bien aussi que, si les Courtisans & les Ministres n'avoient pas été persuadés que tous les désordres étoient à leur comble, s'ils n'avoient pas pensé que toutes les ressources étoient épuisées, les Etats-Généraux n'auroient pas été convoqués; mais si les ressources du Pouvoir arbitraire étoient épuisées, celles d'un Peuple libre ne le sont pas. Ce que les Ministres nous ont dit, pouvoit être vrai dans ces temps, où ils gouvernoient tout avec la verge du despotisme; mais il cesse de l'être, au moment où la Nation a résolu de régler elle-même ses affaires.

Trop long-temps, Messieurs, vous avez suivi, pour les finances, les impulsions qui vous ont été données par le Gouvernement. Les divers plans qui vous ont été proposés & que vous avez adoptés, n'ont pas eu tout le succès que vous en attendiez. Le temps est venu d'employer des mesures plus efficaces, & de choisir des moyens dignes de la Nation que vous représentez.

Dans la situation critique où nous nous trouvons, j'entends de tous côtés demander du Papier-monnoie; on dit que c'est le seul remède à nos maux. Grand dieu! quel remède.

Tout Papier-monnoie, tel qu'il soit, est, par sa nature, contraire aux principes d'une bonne Constitution; il tarit toutes les sources de la prospérité publique; il décourage l'agriculture; il frappe d'inertie les manufactures, l'industrie & le commerce; il embarrasse la circulation; il dérange l'équilibre de toutes les relations avec les Nations étrangères; il occasionne des pertes énormes dans les changes, en jettant l'alarme dans tous les efprits; il diminue toutes les confommations. C'eft aujourd'hui notre plus grand fléau, la feule efpérance des gens m .l-intentionnés; c'eft la caufe unique & immédiate qui retarde les heureux effets de la révolution. Enfin, le Papier-monnoie a toujours été la reffource des charlatans en finance, des defpotes ou des Nations ignorantes.

On vous demande du Papier-monnoie ; mais, Meffieurs, les billets de la Caiffe d'Efcompte ne font-ils pas du Papier-monnoie ? N'en fouffrons-nous donc déja pas affez ? La ville de Paris ne gémit-elle pas fous leur poids? La ruine de fon commerce, de fes fabriques, de fes manufactures, la diminution de fes relations avec les Provinces & l'Etranger, l'éloignement de fes habitans les plus aifés, l'abandon des atteliers & des travaux, l'augmentation prodigieufe de fes pauvres, les difficultés qu'elle éprouve pour fe procurer des efpèces avec lefquelles feulement elle peut payer fes fubfiftances : tous ces effets réunis, qui font les fuites de l'excès des billets de Caiffe en circulation, ne vous annoncent-ils pas qu'elle en eft accablée ? Ces calamités ne font-elles pas affez graves ? Et peut-on s'occuper, fans frémir, de moyens qui doivent infailliblement les accroître ? Quoi! il feroit vrai que les habitans de la Capitale, après une fi cruelle expérience, appelleroient de nouveau un Papier-monnoie, en concurrence avec celui de la Caiffe d'Efcompte ou pour le remplacer ?

Ce Papier-monnoie, dit-on, aura cours dans toutes les Provinces du Royaume. Mais les Provinces ont-elles

4

demandé du Papier - monnoie ? Ont-elles dit qu'elles
avoient befoin d'un autre figne d'échange que de celui
des efpèces d'or & d'argent dont elles fe fervent ? N'ont-
elles pas, au contraire, repouffé la circulation des billets
de la Caiffe d'Efcompte que l'on a tenté à diverfes re-
prifes d'y introduire ?

Il faudra donc borner à la ville de Paris la circulation du Papier - monnoie. Eh bien ! Meffieurs, fi vous
y confentez, vous aurez la douleur de voir s'aggraver
bientôt tous les malheurs de la Capitale, & devenir peut-
être avant peu fans remède.

Mais, dira-t-on encore, il n'y a pas d'argent en France,
& il faut bien fuppléer par le Papier-monnoie à la di-
fette du numéraire ? Eft-ce par ignorance, ou par mau-
vaife foi, que l'on répand dans le public des idées auffi
fauffes & auffi défaftreufes ? Il ne fera pas difficile de
prouver, jufqu'à l'évidence, quelles font dénuées de tout
fondement. M. Necker a demontré qu'il exiftoit, en
France, en 1784, au-delà de deux milliards deux cens
millions de numéraire.

La refonte des efpèces d'or, par M. de Calonne, a
donné un nouveau degré d'évidence aux réfultats de M.
Necker, puifqu'il fut alors porté, aux Hôtels des Monnoies,
pour plus de huit cens millions de louis. Or, on fait
qu'il a toujours été fabriqué deux tiers de monnoie d'argent, fur un tiers d'efpèces d'or.

M. Necker a prouvé encore que l'accroiffement annuel
du numéraire étoit de 40 à 50 millions. Le numéraire
actuel du Royaume, fuivant ce calcul, devroit donc

être aujourd'hui de deux milliards cinq cens millions.

Voyons à préfent quelles font les caufes qui l'auroient pu faire décroître, ou fortir de France, depuis 1784. Avons-nous eu quelque guerre étrangère à foutenir? Non. Les Peuples du Nord, ceux de la Méditerrannée, ont-ils ceffé d'avoir befoin de nos vins, de nos eaux-de-vie, de nos fucres, de nos cafés, enfin de toutes nos mar-chandifes qu'ils tiroient de nous? Non. Ils ont continué à s'adreffer à nous, comme par le paffé. Je m'attends bien qu'on va m'objecter que, depuis le mois de Juillet dernier, trois ou quatre cens familles fe font expatriées, & qu'elles ont confommé leurs revenus dans l'Etranger. D'abord, il eft douteux qu'il foit forti quatre cens familles du Royaume; mais je le veux, & j'accorde que la dé-penfe de chacune de ces quatre cens familles, l'une dans l'autre, fe foit élevée, depuis neuf mois, à trente milles livres; ce feroit douze millions à déduire de la maffe du numéraire circulant en France. Que l'on ajoute en-core à ces 12 millions, 25 autres pour les bleds, achetés dans l'Etranger, ce fera donc 37 millions de moins. Ainfi, au lieu de deux milliards cinq cent millions, il n'y aura en France que deux milliards, quatre cent foixante-trois millions ; mais loin que la balance du commerce ait été diminuée de ces trente-fept millions, il eft très-probable qu'elle a été beaucoup plus favorable au Royaume ces deux dernières années, qu'elle ne l'avoit été dans aucune des précédentes : en effet, fi l'on fait attention que la France a dans fon fein tous les objets de première néceffité qu'elle confomme, & que l'étranger ne lui fournit, en majeure partie, que des marchandifes de luxe ; fi d'un autre côté on confidère que la révolution qui s'eft opérée, a diminué ou fufpendu, depuis deux ans, des cinq fixièmes peut-être, les confommations de luxe, il fera aifé de conclure que les importations ordinaires de l'étranger, évaluées par M. Necker à 240 millions chaque année, ont été confidérablement réduites. Je ne m'écarterai peut-être pas de la vérité, en portant la différence à un tiers, c'eft-à-dire à 80 millions par année depuis 1788. Cependant les autres Nations n'ont pas été agitées par des troubles intérieurs ; aucune raifon n'a dû les empêcher de confommer la même quantité de nos marchandifes. Ainfi la fomme d'exportations, calculée par M. Necker à 300 millions, a dû auffi être la même que dans les années précédentes, donc la balance de notre commerce, loin d'avoir été moindre depuis deux ans, a dû être fupérieure de 123 millions, donc notre numéraire doit-être de deux milliards fix-cens millions au moins.

Le bas prix des charges n'affoiblit en aucune manière ces argumens. Tout le monde fait que la circulation exagérée, & au-delà de toute proportion des billets de la Caiffe d'Efcompte, en eft la feule caufe.

J'ofe me flatter que l'on fera convaincu avec moi, que la prétendue fortie du numéraire hors de France, n'eft qu'un bruit populaire qui ne mériteroit pas d'être refuté, fi de femblables erreurs propagées à deffein ne tendoient pas à égarer l'opinion publique.

Quelles font donc les caufes de cette penurie effrayante

que nous éprouvons ? Nous l'avons déja dit : une de ces causes est l'excès des billets de la Caisse en circulation. L'or & l'argent se cachent & disparoissent comme signes d'échanges, lorsqu'ils peuvent être suppléés par une autre signe en papier, dont on cherche toujours à se défaire d'abord, parce qu'il est infiniment moins estimé ; cependant tous les débiteurs en usant de même envers leurs créanciers, le papier est le signe unique qui paroisse dans la circulation, l'argent reste dans les coffres, & les ignorans disent qu'il n'y a plus de numéraire.

Mais il est une autre cause de notre détresse, & il faut la faire connoître, puisqu'elle est une des sources principales de nos maux & de nos longues inquiétudes.

Je suis pénétré de la plus profonde vénération pour le premier Ministre des Finances ; il fut, dans les tems du despotisme, presque l'unique protecteur du peuple : nous lui devons le rapprochement du terme de la convocation des États-Généraux : c'est lui qui conseilla au Roi de confirmer aux Communes la double représentation qui leur avoit deja été accordée, sans réclamation, lors de la formation des Assemblées Provinciales : c'est lui qui a relevé le crédit public anéanti à la fin d'Août 1788, & qui a soutenu l'édifice chancelant de nos Finances jusqu'au moment de l'ouverture des États-Généraux ; mais depuis cette ouverture il semble que le génie de ce Ministre sommeille. Il n'est sorti de ses bureaux que des projets de ressources insuffisantes, de longues complaintes, & des mémoires plus accablans les uns que les autres. Notre situation, peinte avec de si noires couleurs par un Ministre, estimé pour le plus habile de l'Europe, a été envisagée par nous-mêmes & par les Étrangers, comme désespérée. Les allarmes & la terreur se sont emparées de tous les esprits. Tous les secours, toutes les ressources ont manqué à la fois. L'argent réserré dans toutes les bourses n'a plus circulé que pour les besoins les plus pressans. La disette du numéraire s'est fait sentir à Paris plus que par-tout ailleurs, parce que cette Ville, où la plus grande partie des payemens se font, est devenu le foyer de toutes les inquiétudes ; les financiers, les capitalistes, qui avoient fait des avances au Gouvernement, & les partisans de la Caisse d'Escompte ont alors conseillé au Ministre de se servir de ces billets pour suppléer à l'argent qui manquoit dans toutes les Caisses publiques ; mais bientôt ces billets devenus papier-monnoie, ont été discrédités, l'argent n'en a été que plus rare ; les changes avec l'étranger ont éprouvé une nouvelle baisse ; le commerce n'a pas été moins languissant ; les manufactures du Royaume, qui ont tant de liaisons avec Paris, ont partagé sa détresse & ses malheurs : ainsi les allarmes d'un Ministre, digne à tant de titres, & sur-tout par sa longue expérience, de la confiance publique, ont provoqué & justifié les craintes & les inquiétudes qui se sont répandues dans le Royaume ; mais nous devons le dire, les allarmes du Ministre ont été jusqu'à présent très-exagérées. Notre situation est critique, mais elle est la suite d'une grande révolution & de longs désordres. Une Nation de vingt-cinq millions d'hommes, la plus riche de l'Europe en numéraire, la plus induſtrieuſe & la plus laborieuſe de l'Univers, qui jouit de la plus parfaite des Conſtitutions, dont le ſol déja très-fertile ſera déſormais cultivé par des mains li-bres; une Nation pareille dédaigne de vaines terreurs; elle aura bientôt réparé tous ſes malheurs; elle ſaura bien combler cet immenſe déficit, devant lequel le deſpo-tiſme a reculé d'effroi, & dont la liberté ſeule peut ſonder les profondeurs.

Mais vous, Meſſieurs, à qui la Nation a confié ſes pouvoirs, vous qui avez pris en ſon nom l'engagement d'acquitter toutes les dettes de l'État, vous repouſſerez loin de vous tous les palliatifs & tous ces projets éphe-mères que les beſoins des mois, des ſemaines & des jours ſuggéroient ſous l'ancien ſyſtême; vous ne comp-terez plus que ſur vous-mêmes pour le rétabliſſement des Finances; & dans ce travail difficile, vous ne ſuivrez pour guide que le génie de la Nation, ce génie qui vous inſpiroit lorſque vous prononciez ces beaux Décrets conſ-titutionnels que toute l'Europe admire.

Avant tout, vous vous oppoſerez, de toutes vos forces, au déſordre & à la confuſion qui régnent encore entre les payemens de l'arriéré & ceux des dépenſes ordinaires. Lorſqu'on vous a propoſé de vous ſervir des billets de la Caiſſe d'Eſcompte, lorſqu'on vous propoſe d'adopter un papier-monnoie; n'en doutez pas, Meſſieurs, c'eſt pour avoir les moyens d'acquitter dès-à-préſent les anciennes anticipations, les reſcriptions, les aſſignations, & tout l'arriéré de la même nature, ci-devant privilégié aux yeux des Miniſtres. Voulez-vous ſortir d'embarras? Ordonnez que le payement de l'arriéré, tel qu'il foit, ne foit plus confondu avec celui des dépenfes ordinaires. Alors les recettes ordinaires vous fuffiront, alors vous n'aurez plus befoin des reffources ruineufes qui vous font propofées ; vous profcrirez pour jamais tous les papiers-monnoie fous telle dénomination que ce foit ; vous vous occuperez fans relâche des moyens de retirer promptement de la circulation, la furabondance des billets de Caiffe qui fait tant de mal à Paris. Pour y parvenir, voici quelques vues dont je regarde le fuccès comme infaillible.

Ordonnez d'abord que ces billets foient échangés, à une époque prochaine que vous déterminerez, contre des affignats fur la Caiffe de l'extraordinaire, jouiffant, outre l'intérêt à cinq pour cent, d'une prime de deux pour cent.

Invitez dès-à-préfent tous les bons Citoyens, toutes les Villes de Commerce, à réunir leurs efforts aux vôtres, en faifant des foufcriptions en efpèces, dont le produit fera deftiné à tirer de la circulation les billets de Caiffe, contre lefquels il leur fera délivré des affignats.

Lorfque le public fera affuré que l'Affemblée Nationale aura pris la ferme réfolution de réduire cette maffe énorme de billets à une proportion telle que la Caiffe d'Efcompte puiffe payer à bureau ouvert, la confiance fe ranimera, & la perte que ces billets fupportent aujourd'hui deviendra moindre chaque jour.

A cette mefure, véritablement digne de vous, ajoutez les précautions fuivantes, afin de ne laiffer aucun doute fur vos intentions d'établir l'ordre le plus parfait dans les finances.

Ordonnez,

1°. Que dès le mois d'Avril prochain, il foit pofé une ligne de démarcation entre les dépenfes ordinaires & l'arriéré.

2°. Que toutes les dépenfes ordinaires foient alors payées, mois par mois, fur les produits des recettes ordinaires.

3°. Que l'arriéré, lorfqu'il aura été liquidé, foit acquité en affignats à terme, portant intérêt à cinq pour cent, payables à la Caiffe de l'Extraordinaire, après ceux qui auront été changés contre des billets de caiffe.

4°. Qu'il foit pris des mefures efficaces pour accélérer la rentrée de tous les impôts que vous avez établis ou confervés pour l'année 1790.

Hâtez-vous auffi, Meffieurs, de prononcer les réductions les plus rigoureufes fur les dépenfes de tous les départemens, particulièrement fur les penfions & traitemens, fur les dépenfes de la Guerre, de la Marine & des affaires Etrangères. Eft-il donc néceffaire que le traitement des Miniftres foit de trois cent mille livres, celui de plufieurs ambaffadeurs de deux cent, & celui de certains premiers commis de vingt-quatre à trente mille livres ? Montrez à la France & à l'Europe que vous êtes déterminés à couper la racine de tous les abus ; & j'ofe vous prédire que dans peu de mois la confiance fuccédera, dans tout le Royaume, aux terreurs & aux allarmes qui l'agitent aujourd'hui. Vous en ferez les témoins, & ce fera la plus douce récompenfe de vos peines & de vos travaux.

C'est pour remplir toutes ces vûes que j'ai l'honneur de vous proposer les décrets suivans.

L'Assemblée Nationale a décrété ce qui suit.

I. Les billets de la Caisse d'Escompte, à présent en circulation, seront convertis, à compter du premier Juin prochain, en assignats nationaux, qui, outre l'intérêt à cinq pour cent, jouiront d'une prime de deux pour cent, & seront remboursables à la caisse de l'extraordinaire sur les premiers fonds qui proviendront, soit de la contribution patriotique, soit de la vente des biens du domaine & du Clergé qui a été décrétée; ils seront payés par ordre de numéros indicatifs de la date de leur conversion.

II. Ces assignats seront estampés d'un timbre, qui désignera qu'ils ont été échangés contre des billets de la Caisse d'Escompte.

III. Un certain nombre de ces assignats sera divisé par fractions de 200 & 300 livres, pour la convenance des porteurs de billets de Caisse qui en demanderont.

IV. Leur acceptation dans toutes les Caisses publiques & particulières sera libre; ils seront reçus comme espèces en payement des biens du Domaine & du Clergé qui seront incessamment vendus.

V. Tous les Membres de l'Assemblée Nationale recevront leur traitement en assignats estampés.

VI. La Caisse d'Escompte sera tenue de réduire à moitié ses escomptes & ses négociations jusqu'au tems où elle sera dans la possibilité de payer à bureau ouvert. Les Commissaires de l'Assemblée Nationale, chargés d'inspecter ses opérations, veilleront à l'exécution de cette disposition.

VII. Il sera écrit par M. le Préfident, au nom de l'Assemblée Nationale, à toutes les Villes de commerce du Royaume, pour les inviter à ouvrir des souscriptions en argent, dont le produit sera destiné à retirer de la circulation, dans les mois d'Avril & de Mai, le plus qu'il sera possible, des billets de la Caisse d'Escompte.

VIII. La Municipalité de Paris sera priée, au nom de l'Assemblée, de faire la même invitation aux Habitans de la Capitale, & d'ouvrir aussi des souscriptions en argent, dont l'emploi sera le même.

IX. Il sera fourni aux souscripteurs des assignats estampés, pour le montant de leurs souscriptions.

X. Tous les Citoyens sont exhortés à acquitter dans le courant d'Avril ou de Mai, le premier payement de leur contribution patriotique ; les fonds qui en proviendront seront employés à retirer de la circulation des billets de la Caisse d'escompte.

XI. Tous ceux qui auront des payemens à toucher dans les mois d'Avril & de Mai, & dans les mois suivans, sont pareillement exhortés à recevoir en payement, lorsqu'ils le pourront, des assignats estampés. Les sommes qu'ils auroient dû toucher seront destinées à retirer de la circulation des billets de la Caisse d'escompte ; les états en seront présentés à l'Assemblée.

XII. L'Assemblée regardera comme bienfaiteurs de la Patrie, tous les Citoyens qui en se conformant aux vues qu'elle propose, auront aidé l'Etat, & qui en contribuant à diminuer la masse des billets de la Caisse d'escompte en circulation à Paris, viendront réellement au secours d'une Ville qui a si bien mérité de la Nation,

Lés noms des ces bons Citoyens seront imprimés à Paris & dans les Provinces ; les listes en seront envoyées à l'Assemblée & déposées dans ses Archives.

Second Décret

I. A compter du premier Avril prochain, il sera établi une distinction précise & formelle entre les dépenses fixes & l'arriéré. Les dépenses fixes & ordinaires de chaque mois seront payées sur les fonds provenans des recettes ordinaires ; sans que sous aucun prétexte il puisse être payé sur le produit de ces recettes aucune partie arriérée de quelque nature qu'elle soit.

II. A compter de la même époque, les parties arriérées lorsqu'elles auront été liquidées, seront acquittées en assignats sur la Caisse de l'extraordinaire, portant intérêt à cinq pour cent & payables après les assignats estampés.

III. Toutes les Assemblées de Département & de District, & toutes les Municipalités du Royaume, seront expressément chargées de prendre toutes les mesures nécessaires pour faire payer exactement par les contribuables, tous les impôts conservés ou établis pour la présente année 1790. Elles seront également chargées de veiller à ce que les fonds reçus par les Percepteurs & Receveurs soient régulièrement versés aux époques déterminées dans les Caisses supérieures.

IV. Il sera présenté, sous quinze jours, à l'Assemblée Nationale, par ses Comités des finances & des pensions, les Décrets servant de réglemens pour la réduction rigoureuse des dépenses de tous les Départemens.

DE BOISLANDRY.

P. S. L'Affemblée Nationale eft inondée de brochures & d'écrits fur les finances. Prefque tous, fe copiant les uns les autres, propofent, fous différentes dénominations, du papier-monnoie forcé, avec ou fans intérêts. Ils veulent nous perfuader que des affignats nationaux forcés, obtiendront, comme papier-monnoie, une confiance plus grande que les billets de la Caiffe d'Efcompte, fupérieure même à l'argent..... Comme fi la circulation des billets de Caiffe n'avoit pas été décrétée par l'Affemblée Nationale ; comme s'ils n'étoient pas garantis par elle : & quelle autre garantie plus facrée auront donc les papiers-monnoie nationaux ? On nous affure encore que les affignats nationaux forcés, feront fortir l'argent des coffres où il eft refferré..... Quelle ignorance de tous les principes, & quel aveuglement fur ce qui fe paffe chaque jour fous nos yeux ?

Je conjure l'Affemblée Nationale de fe méfier de ces dangereufes propofitions, qui, je le vois avec douleur, n'ont déja fait que trop d'impreffion fur quelques - uns de fes Membres.

Nos embarras font très-grands, j'en conviens ; mais je ne cefferai de le répéter : les moyens d'y remédier ne doivent pas être compliqués ; ils font d'une extrème fimplicité ; ils font dans nos mains.

Que l'Affemblée Nationale ordonne la féparation de toutes les parties arriérées jufqu'au premier Janvier dernier, & qu'elle décrète promptement que les feules dépenfes fixes & ordinaires feront payées fur les produits des recettes ordinaires.

Qu'elle réduife les dépenfes fixes de tous les Départemens, au plus rigoureux néceffaire ; qu'elle s'occupe fans relâche des moyens de retirer promptement de la circulation l'excès des billets de Caiffe ; qu'elle y deftine les premiers fonds qui rentreront à la caiffe de l'extraordinaire : je foumets à fa fageffe les autres moyens que je lui ai propofés pour y parvenir.

Enfin, qu'elle faffe acquitter tout l'arriéré, fans aucune exception, lorfqu'il aura été liquidé, avec des obligations nationales, portant intérêts & payables à la caiffe de l'extraordinaire, après le payement des affignats nationaux, échangés contre les billets de la Caiffe d'Efcompte ; en d'autres termes, qu'elle faffe confolider & conftituer tout l'arriéré.

Alors, tous nos embarras cefferont ; la confiance renaîtra ; l'argent fortira des coffres ; les manufactures & le commerce ne tarderont pas à profpérer plus que jamais, & toute la France vous bénira.

Toutes ces mefures, dictées par le fimple bon fens, conformes à la pratique journalière d'un débiteur riche, mais embarraffé, qui s'arrange avec fes créanciers, exigent-elles donc un Papier-monnoie ?

Je conjure l'Affemblée Nationale, au nom des plus chers intérêts de la Nation, de profcrire à jamais toute émiffion de Papier-monnoie, comme inconftitutionelle, impolitique, nuifible à l'agriculture, deftructrice de toute induftrie; enfin, comme l'un des plus grands fléaux qui puiffe affliger un Peuple.

A PARIS, DE L'IMPRIMERIE NATIONALE.